La hormiga y la cigarra

narrado por Beatrice Reynolds

ilustrado por Freddie Levin

Scott Foresman
is an imprint of

PEARSON

Glenview, Illinois • Boston, Massachusetts • Chandler, Arizona
Upper Saddle River, New Jersey

Había una vez una hormiga y una cigarra que vivían en el campo. La hormiga era muy trabajadora. Durante todo el verano madrugaba para recoger comida. En cambio la cigarra era muy perezosa. ¡Detestaba trabajar!

La cigarra se levantaba tarde.
Después, se pasaba todo el día bailando
y cantando.

La hormiga se levantaba al amanecer.
Se pasaba todo el día llevando comida
hasta su hormiguero. Iba y venía sin parar.

La cigarra observó a la hormiga por un largo rato. La hormiga trabajaba muy duro. Finalmente, la cigarra habló:

—Te he estado observando. ¡Qué hormiga tan tonta y aburrida eres! Trabajas demasiado. ¿Por qué no descansas un rato? Baila y canta conmigo. ¡Tienes que divertirte un poco!

—¡Éste no es el momento de divertirse!
—contestó la hormiga—. Ya casi se acaba
el verano. Estoy recogiendo comida para
el invierno. ¡Tú deberías hacer lo mismo!
Si te lo propones, tendrás suficiente comida
para los largos y fríos meses de invierno.

—¡Falta mucho para el invierno! —dijo la cigarra—. Ahora mismo tengo suficiente comida. ¿Por qué me voy a preocupar desde ahora? ¡Es un día muy lindo! ¿Estás segura que quieres desperdiciarlo trabajando?

—Puedo disfrutar del día mientras trabajo —dijo la hormiga, y siguió trabajando.

Cuando llovía, la cigarra se sentaba debajo de una planta de hojas grandes. Mordisqueaba ramitas mientras veía llover.

Mientras tanto, la hormiga trabajaba en su casa. Estaba organizando su comida. Tenía un método muy ingenioso de almacenar las cosas.

Cuando llegó el otoño, el aire se enfrió. "El invierno está por llegar", pensó la hormiga. Así que trabajó aún más.

La cigarra siguió cantando y bailando.

—¡Qué aburrida eres! —le dijo a la hormiga—. ¿No quieres bailar conmigo?

—Harías bien en dejar de bailar y comenzar a buscar un poco de comida para ti —dijo la hormiga—. ¿No ves que el invierno está por llegar? ¿Qué harás cuando la nieve cubra el suelo y no encuentres comida?

La cigarra ignoró a la hormiga.

"¡Qué tonta!", pensó la cigarra. "Hago bien en divertirme. Ella lo único que hace es trabajar. ¡Qué vida tan aburrida!".

La cigarra continuó bailando y cantando mientras las hojas caían de los árboles.

Una semana después, cayó una gran nevada. La hormiga estaba calentita y cómoda en su casa. Se sentó a leer un libro.

"Ya puedo descansar. Tengo suficiente comida para el largo y frío invierno", pensó sonriendo.

La cigarra temblaba de frío debajo de un árbol sin hojas. Tenía hambre, pero no había comida por ningún lado.

—Estoy en apuros. ¿Qué voy a hacer? —se preguntó en voz alta—. Esto no es nada divertido.

Así que la cigarra tocó a la puerta de la hormiga.

—¡Hola, querida amiga! —dijo la cigarra—. Tengo frío y hambre, pero no encuentro nada de comer. ¿Me das un bocadito?

La hormiga la miró y sacudió la cabeza.

—Te pasaste todo el verano cantando y bailando mientras yo trabajaba —dijo la hormiga—. Hasta te burlaste de mí por trabajar tan duro. ¡Y ahora vienes a pedirme comida! Lo siento mucho, pero no tengo suficiente comida para ambas. Espero que hayas aprendido tu lección: *Hay momentos para trabajar y momentos para divertirse.*

La hormiga cerró la puerta y la cigarra se alejó lentamente. Sería difícil encontrar algo de comer.

Fábulas

"La hormiga y la cigarra" es un tipo de cuento que se llama *fábula*. Las fábulas intentan enseñar una lección o *moraleja*. La moraleja de "La hormiga y la cigarra" es que es importante trabajar y hacer planes para el futuro.

El autor de "La hormiga y la cigarra" es Esopo, un famoso fabulista. Vivió hace más de 2000 años en Grecia. Esopo inventó muchas otras fábulas. ¿Conoces alguna de sus fábulas?